Romy Fischer

Häkelvirus 4

Romy Fischer

Häkelvirus 4

Mehr Informationen, YouTube-Kanal, Crazypatterns etc. auf:
www.romyfischer.de
www.facebook.com/romyfischerarts
www.twitter.com/RomyFischerArts
www.youtube.com/user/romyfischer
www.crazypatterns.net/de/store/RomyFischer

Bibliographische Information Der Deutschen Bibliothek
Die Deutsche Bibliothek verzeichnet diese Publikation in der Deutschen
Nationalbibliographie; detaillierte bibliographische Daten sind im Internet über
http://dnb.ddb.de abrufbar

Bibliographic information published by Die Deutsche Bibliothek. Die Deutsche Bibliothek
lists this publication in the Deutsche Nationalbibliographie; detailed bibliographic data are
available in the Internet at
http://dnb.ddb.de

Romy Fischer
Häkelvirus 4
ISBN 978-3746068688
Alle Rechte bei der Autorin.
Copyright Fotos Cover & im Innenteil © Romy Fischer
Januar 2018

Herstellung und Verlag: BoD - Books on Demand, Norderstedt
Dieses Buch wurde im On-Demand-Verfahren hergestellt.

MIX
Papier aus verantwortungsvollen Quellen
Paper from responsible sources
FSC
www.fsc.org
FSC® C105338

Inhalt:

Abkürzungen & Bezugsquellen

In diesem Anleitungsbuch habe ich ganz bewusst auf Grafiken und Erklärungen für Häkelanfänger verzichtet. Ich selbst bin damals als Anfängerin oft daran verzweifelt, da nicht alles immer so genau verständlich war. Deshalb habe ich einige Videos für Anfänger auf YouTube hochgeladen, die du dir jederzeit und immer wieder kostenlos anschauen kannst. Du findest meine Anleitungsvideos für Anfänger auf einen Blick auf meiner Webseite http://www.romyfischer.de Auf meinem YouTube-Kanal werde ich mit der Zeit auch mehr und mehr andere Videos zu diesem Thema hochladen, um diverse andere Fragen (auch für Fortgeschrittene) zu beantworten und Hilfestellung zu geben.
Weitere Amigurumi-Anleitungen werde ich auch einzeln zukünftig in meinem (Crazypatterns)Shop verkaufen, den du auch über meine Webseite erreichen kannst.

Folgende Abkürzungen findest du in diesem Buch mit folgenden Bedeutungen:

M = Masche
R = Reihe
Rd = Runde (die Modelle in diesem Buch werden in Spiralrunden gehäkelt)
LM = Luftmasche
W-LM = Wendeluftmasche
fM = feste Masche
DM = doppelte Masche (2 Maschen in 1 Masche häkeln)
hStb = halbes Stäbchen
Stb = Stäbchen
DStb = doppeltes Stäbchen
KM = Kettmasche
2M zus.abgem. = 2 Maschen zusammen abgemascht
M-Glied =Maschenglied
Wdh = wiederholen
Überspr = überspringen

Die Sicherheitsaugen und Nasen, die ich für meine Amigurumi-Modelle verwendet habe, findest du im Online-Shop auf meiner Webseite.

Manchmal sind einige Verschlusskappen zu eng geformt, so dass ich ein Bastelskalpell verwendet habe, um die Öffnung durch Kratzen und Schaben zu vergrößern. Solltest du auch diesen Weg gehen, kratze zunächst immer nur ein wenig und teste es dann wieder aus. Sonst kann es passieren, dass du die Öffnung zu groß gemacht hast und der Stecker des Auges nicht mehr passt. Die Modelle, die ich für dieses Buch angefertigt habe, habe ich mit einer Häkelnadel von PRYM und Wenco mit dem Softgriff gehäkelt. Wer längere Zeit häkelt, wird feststellen, welchen Vorteil so ein Softgriff hat. Alle anderen Häkelnadeln haben mir nämlich sonst recht schnell Schmerzen in der Hand verursacht. Der Softgriff liegt gut in der Hand, und ich kann viel länger damit arbeiten, ohne Beschwerden zu bekommen.

Wellensittich Kissenbezug

Material:

Hinweis: grundsätzlich kann der Bezug mit jedem Garn und mit jeder Nadelstärke gehäkelt werden. Ich habe mich für die Variante entschieden, mit 2 dünneren Fäden gleichzeitig zu arbeiten und einer dickeren Nadel.

Acrylgarn (im Original) „Caprice" von Rellana – für gelb/grün: je 4 Knäule à 50g in gelb und hellgrün, sowie schwarz und rosa und Reste in weiß und hellblau; für weiß/hellblau: je 4 Knäule à 50g in weiß und hellblau, sowie schwarz und gelb, sowie Reste in rosa und weiß, Häkelnadel 6,0 und 3,5, Wollnadel + Nähnadel, Nähgarn in passender Farbe, Schere, Maßband oder Lineal, Stecknadeln, Reißverschluss 40cm in hellgrün bzw. hellblau, Füllkissen in mindestens 40x40cm, besser jedoch 50x50cm

Für den Bezug:

Ich habe hier die 6,0er Nadel verwendet und mit je 2 Fäden/Knäulen gleichzeitig gearbeitet. Bei der gelb/grünen Variante beginnst du mit 2 Knäulen hellgrün, bei der weiß/blauen Variante beginnst du mit 2 Knäulen hellblau.

Du häkelst insgesamt 55LM (oder bei dünnerem/dickeren Garn eine entsprechende LM-Zahl, um auf ca. 42cm Länge zu kommen).
Daraufhin werden durchgehend in jeder Reihe fM gehäkelt, am Ende einer jeden Reihe immer eine W-LM.
In dieser Farbe häkelst du insgesamt ca. 19cm Höhe (da ich nicht weiß, welches Garn und welche Nadelstärke du nimmst und wie locker oder fest du häkelst, gebe ich hier sicherheitshalber keine Reihenanzahl an, sondern lieber die Maßangaben in Höhe und Länge). Nachdem du eine Höhe von ca. 19cm erreicht hast, wechselst du die Farbe. Bei gelb/grün wechselst du in gelb, bei weiß/blau wechselst du in weiß (auch jeweils 2 Knäule – sofern du das Originalgarn oder ein vergleichbares Garn verwendest).
In dieser Farbe häkelst du noch insgesamt ca. 23cm Höhe. Danach abmaschen und diesen Teil ein weiteres Mal wiederholen, damit du eine Vorder- und eine Rückseite hast.

Beide Teile im Anschluss zur Seite legen.

Alle weiteren Teile werden fortan mit einer 3,5er Nadel gehäkelt und nur noch 1-fädig.

Augen (2x pro Kissenbezug; schwarz)

Rd 1: 6fM in einen Fadenring häkeln und zuziehen (6M)
Rd 2: alle M verdoppeln (12M)
Rd 3: 6x (1fM, 1DM) (18M)
Rd 4: 6x (2fM, 1DM) (24M)

Rd 5: 6x (3fM, 1DM) (30M)
Rd 6: 6x (4fM, 1DM) (36M)
1KM, abmaschen und einen längeren Faden lassen, mit dem du die Augen später an den Bezug nähst.
Falls du nicht mit dem Originalgarn häkelst: der Durchmesser sollte ca. 6cm betragen.

Flecken (6x pro Kissenbezug; schwarz)

Rd 1: 6fM in einen Fadenring häkeln und zuziehen (6M)
Rd 2: alle M verdoppeln (12M)
1KM, abmaschen und einen längeren Faden lassen, mit dem du die Flecken später an den Bezug nähst.
Falls du nicht mit dem Originalgarn häkelst: der Durchmesser sollte ca. 2,5cm betragen.

Nun wird das „Gesicht" auf der Vorderseite des Kissenbezugs entstehen.
Auf der Höhe, die du auf den Fotos erkennen kannst, nähst du zunächst die Augen an den Bezug und stickst im Anschluss eine kleine 2cm lange Diagonallinie (doppelt; 2 Linien übereinander) in weiß – dies ergibt eine Art Lichtreflex und haucht dem Gesicht/Blick etwas Leben ein.

Als nächstes nähst du die schwarzen kleinen Flecken an – 3 pro Seite; im unteren Teil des gelben bzw. weißen Abschnitts – siehe Fotos.

Zum Abschluss stickst du den Schnabel – mittig unterhalb der Augen (siehe Fotos). Du beginnst zunächst in der Hauptfarbe – bei gelb/grün ist die Hauptfarbe des Schnabels rosa, bei weiß/blau ist die Hauptfarbe des Schnabels gelb. Er hat eine Breite von ca. 9,5cm (über 13 Maschen) und eine Höhe von 6cm (über 7 Reihen).

Oben über 2 Reihen bzw. ca. 2cm nachdem du mit der Hauptfarbe fertig gearbeitet hast nochmal mit der Nebenfarbe nacharbeiten und drübersticken mit ein paar Stichen, bis die Hauptfarbe nicht mehr zu sehen ist (Nebenfarbe bei gelb/grün ist hellblau; bei weiß/blau ist es rosa).

Zum Abschluss in schwarz je 2 Diagonallinien unter den Augen auf beiden Seiten sticken.

Ist alles angenäht und gestickt, werden nun Vorder- und Hinterseite zusammengenäht (die Naht wird weiter unten bzw. auf der nächsten Seite erklärt – siehe Reißverschluss). Achte hierbei darauf, dass die Naht innen liegt, d.h. beide Teile müssen so aufeinander gelegt werden, dass die linke Seite nach außen zeigt.

Ich habe bei beiden Kissen die Naht so angelegt, dass ich z.B. auf der gelben Seite auch nur einen gelben Wollfaden zum Zusammennähen verwendet habe, auf der hellgrünen Seite einen hellgrünen Wollfaden usw. Denn es könnte sonst nach außen durchschimmern, wenn man einen andersfarbigen Faden zum Nähen der betreffenden Seiten nimmt.

Danach wieder umdrehen, und im Anschluss den Reißverschluss annähen – dieser wird mit normalem Nähgarn und Nähnadel angenäht.

Hier anhand eines Beispiels gezeigt: An der Seite, auf der du beginnst, ist er geschlossen, damit er beim Nähen nicht hin und her wackelt. Um die andere Seite anzunähen, öffnest du den Reißverschluss, sonst kommst du spätestens gegen Ende mit der Hand und der Nadel nicht mehr durch.

Zur Naht (hier ein Beispiel):

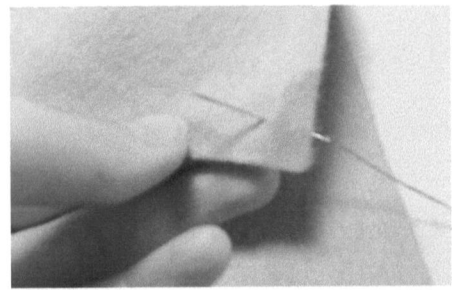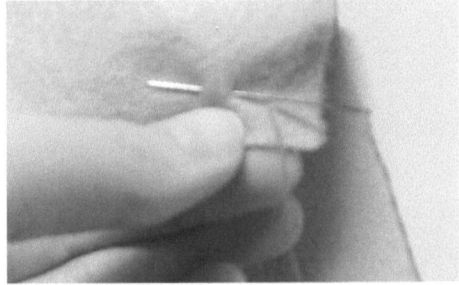

Von unten einstechen und den Faden durchziehen (Abb. 1). Wenige Millimeter daneben einstechen, wieder ausstechen und den Faden wieder durchziehen (Abb. 2).

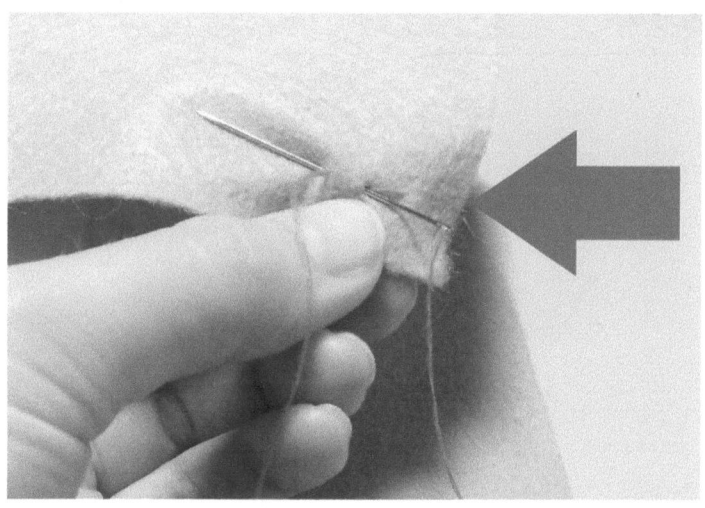

Es entsteht eine Lücke. Um diese Lücke zu schließen, mit der Nadel zurückgehen und dort wieder einstechen, wo du im vorherigen Schritt eingestochen hast. Und du stichst auch dort wieder aus, wo du im vorherigen Schritt ausgestochen hast – quasi diesen Schritt wiederholen. Dann wiederholst du ab Abb. 2 immer wieder diese beiden Schritte.

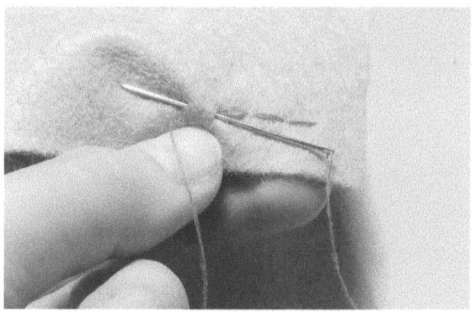

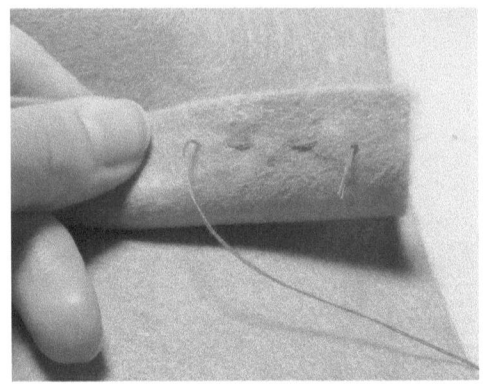

So sieht die Naht von innen/hinten aus.

15

Maus Kerzenkranz

<u>Material:</u> Wolle „Cotton Soft" von Rellana 100g in grau/anthrazit und apfel, sowie Reste in royalblau, flieder, schwarz und pink, Häkelnadel 3,0mm, Sicherheitsaugen in schwarz Durchmesser 14mm, Styroporkranz Durchmesser 15cm/Breite 3cm, Füllwatte, Stopfnadel/Wollnadel, Schere, 2 Klorollen, 2 LED-Teelichter, etwas Zeitungspapier bzw. Altpapier

Grundanleitung Kränze:

Der Bezug für den Kranz wird in Reihen gehäkelt.
Ich lasse es an dieser Stelle offen, wie viele Reihen du benötigst und rate dazu, regelmäßig den Bezug über den Kranz zu ziehen und selbst abzuschätzen, da jeder von uns unterschiedlich fest oder locker häkelt. Und da der Bezug genau passen soll, müsste es jeder selbst ausprobieren.
Aufgrund dessen sollte auch jeder ausprobieren, wie viele Luftmaschen man benötigt.
Ich habe bei jedem Kranz und bei jedem Garn angegeben, wie viele LM ich gehäkelt habe, so dass jeder einen gewissen „Richtwert" hat. Bei vielen wird es sicher jedoch die gleiche LM-Zahl sein.

Am Ende zum Abmaschen 2LM häkeln und einen langen Faden lassen, mit dem im nächsten Schritt der Bezug um den Styroporkranz herum zusammengenäht wird.

Hier ein bildliches Beispiel, wie der Bezug des Kranzes angebracht wird:

 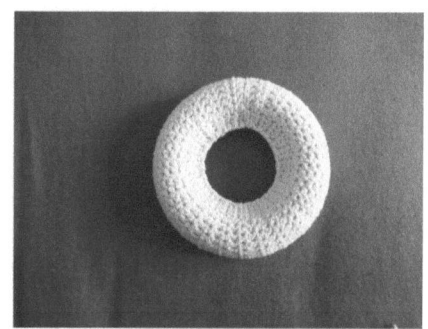

Den Bezug für den Kranz wie folgt häkeln:

22LM (21M) in apfel

4fM, 13Stb, 4fM, 1W-LM

In Reihen so lange diesen Schritt häkeln, bis der Bezug vollständig um den Kranz herum passt. Dann abmaschen und den Bezug um den Kranz herum zusammennähen.

Der Kranz bekommt noch eine Unterseite, damit der Innenring geschlossen wird.

Hierfür in apfel wie folgt häkeln:

Rd 1: in einen Fadenring 6fM häkeln und zuziehen (6M)
Rd 2: alle M verdoppeln (12M)
Rd 3: 6x (1fM, 1DM) (18M)
Rd 4: 6x (2fM, 1DM) (24M)
Rd 5: 6x (3fM, 1DM) (30M)

Rd 6: 6x (4fM, 1DM) (36M)
Rd 7: 6x (5fM, 1DM) (42M)
Rd 8: 6x (6fM, 1DM) (48M)
Rd 9: 6x (7fM, 1DM) (54M)
Rd 10: 6x (8fM, 1DM) (60M)
Rd 11: 6x (9fM, 1DM) (66M)
Rd 12: 6x (10fM, 1DM) (72M)
Rd 13: 6x (11fM, 1DM) (78M)
Rd 14: 6x (12fM, 1DM) (84M)
Rd 15: 6x (13fM, 1DM) (90M)

1KM, abmaschen und einen längeren Faden lassen, mit dem du diese Unterseite unter dem Kranz annähst. Einmal am äußeren Rand entlang nähen und dann noch einmal in der Mitte ringsherum.

Kerzen (2x)

Nun häkelst du die Bezüge für die beiden Klorollen, aus denen die Kerzen werden.

In flieder beginnend

Rd 1: in einen Fadenring 6fM häkeln und zuziehen (6M)
Rd 2: alle M verdoppeln (12M)
Rd 3: 6x (1fM, 1DM) (18M)
Rd 4: 6x (2fM, 1DM) (24M)
Rd 5: 6x (3fM, 1DM) (30M)
Rd 6: 30fM ins hintere M-Glied häkeln (30M)
Rd 7-10: 3LM (zählt als 1. Stb), 29Stb, 1KM in die 3. LM (30M)
Farbwechsel in blau
Rd 11+12: 3LM, 29Stb, 1KM in die 3. LM (30M)
Farbwechsel in flieder
Rd 13-15: 3LM, 29 Stb, 1KM in die 3. LM (30M)

Abmaschen und einen längeren Faden lassen. Nun mit einer spitzen Schere am oberen Rand der Klorollen ein paar Löcher hineinbohren. Die Klorollen in den Bezug schieben und mit einer Wollnadel den Faden durch die Löcher stechen und dann durchs nächste Loch wieder hinausstechen (hinein, heraus, hinein, heraus, und damit den Bezug an die Klorolle annähen, damit er nicht mehr herunter- bzw. verrutschen kann). Die Klorollen mit Zeitungs- bzw. Altpapier ausstopfen, jedoch nicht bis ganz oben hin, denn die LED-Teelichter müssen oben noch ihren Platz finden.

Schleifen (2x; blau)

31LM häkeln und mit 1KM zur Runde schließen

Insgesamt 4 Runden fM häkeln und mit 1KM und 1LM abmaschen.
Einen längeren Faden lassen (ca. 70-80cm). Die Schlaufe, die gehäkelt wurde, flach hinlegen, so dass der abgeschnittene Faden auf der Rückseite in der Mitte liegt. Diesen dann nehmen und mehrere Male so fest es geht mittig umwickeln. So entsteht die Schleife. Sobald du fertig bist mit dem Umwickeln, den Faden auf der Rückseite fest verknoten – hierfür habe ich den Faden vorsichtig in die Wollnadel eingefädelt und auf der Rückseite durch die gewickelten Fäden gestochen. Dort dann einen Doppelknoten machen und noch ein paar Mal durch die Fäden stechen. Den restlichen Faden zum Annähen an die „Kerze" dran lassen.

Maus

Körper (grau/anthrazit)

Rd 1: in einen Fadenring 6fM häkeln und zuziehen (6M)
Rd 2: alle M verdoppeln (12M)
Rd 3: 6x (1fM, 1DM) (18M)
Rd 4: 6x (2fM, 1DM) (24M)
Rd 5: 6x (3fM, 1DM) (30M)
Rd 6: 6x (4fM, 1DM) (36M)
Rd 7: 6x (5fM, 1DM) (42M)
Rd 8: 6x (6fM, 1DM) (48M)
Rd 9: 6x (7fM, 1DM) (54M)
Rd 10-16: 54fM (54M)
Rd 17: 6x (2M zus.abgem., 7fM) (48M)
Rd 18: 48fM (48M)
Rd 19: 6x (2M zus.abgem., 6fM) (42M)
Rd 20: 42fM (42M)
Rd 21: 6x (2M zus.abgem., 5fM) (36M)
Rd 22: 36fM (36M)
Rd 23: 6x (2M zus.abgem., 4fM) (30M)
Rd 24: 30fM (30M)
Rd 25: 6x (2M zus.abgem., 3fM) (24M)
Rd 26: 24fM (24M)
Nun den Körper mit Watte füllen und in den folgenden Runden immer mal wieder nachstopfen.
Rd 27: 6x (2M zus.abgem., 2fM) (18M)
Rd 28+29: 18fM (18M)
Rd 30: 6x (2M zus.abgem., 1fM) (12M)
Rd 31+32: 12fM (12M)
1KM, abmaschen und einen langen Faden lassen, mit dem später der Kopf angenäht wird.

Füße (2x; grau/anthrazit)

Rd 1: in einen Fadenring 6fM häkeln und zuziehen (6M)
Rd 2: alle M verdoppeln (12M)
Rd 3: 6x (1fM, 1DM) (18M)
Rd 4: 6x (2fM, 1DM) (24M)
Rd 5: 6x (3fM, 1DM) (30M)
Rd 6-9: 30fM (30M)
Rd 10: 6x (2M zus.abgem., 3fM) (24M)
Rd 11+12: 24fM (24M)
Rd 13: 6x (2M zus.abgem., 2fM) (18M)
Rd 14-16: 18fM (18M)
Nach Rd 14 in schwarz die Krallen sticken.
Rd 17: 6x (2M zus.abgem., 1fM) (12M)
Rd 18-21: 12fM (12M)
Den Fuß mit Watte füllen, nach oben hin weniger Watte hineinstopfen, damit der Fuß dadurch besser auf dem Kranz aufliegt und gleichzeitig der Körper besser aufliegt. Die Öffnung mit fM zusammenhäkeln.

Arme (2x; grau/anthrazit)

Rd 1: in einen Fadenring 6fM häkeln und zuziehen (6M)
Rd 2: alle M verdoppeln (12M)
Rd 3: 6x (1fM, 1DM) (18M)
Rd 4: 6x (2fM, 1DM) (24M)
Rd 5-7: 24fM (24M)
Rd 8: 6x (2M zus.abgem., 2fM) (18M)
Rd 9-17: 18fM (18M)
Nach Rd 15 in schwarz die Krallen sticken, und nach Rd 17 den Arm mit Watte füllen, nach oben hin weniger Watte verwenden.
Rd 18: 6x (2M zus.abgem., 1fM) (12M)
Rd 19-21: 12fM (12M)
Die Öffnung mit fM zusammenhäkeln/verschließen.

Kopf (grau/anthrazit)

Rd 1: 6fM in einen Fadenring häkeln und zuziehen (6M)
Rd 2: 6fM (6M)
Rd 3: alle M verdoppeln (12M)
Rd 4: 12fM (12M)
Rd 5: 6x (1fM, 1DM) (18M)
Rd 6: 18fM (18M)
Rd 7: 6x (2fM, 1DM) (24M)
Rd 8: 24fM (24M)
Rd 9: 5fM, 14KM, 5fM (24M)

Rd 10: 5fM, 14DM, 5fM (38M)
Rd 11+12: 38fM (38M)
Rd 13: 5fM, 2DM, 8fM, 6DM, 8fM, 2DM, 5fM (48M)
Rd 14+15: 48fM (48M)
Rd 16: 16fM, 5x (2M zus.abgem., 1fM), 2M zus.abgem., 15fM (42M)
Rd 17-19: 42fM (42M)
Nun werden die Augen festgesteckt.
Rd 20: 6x (2M zus.abgem., 5fM) (36M)
Rd 21+22: 36fM (36M)
Rd 23: 6x (2M zus.abgem., 4fM) (30M)
Rd 24+25: 30fM (30M)
Rd 26: 6x (2M zus.abgem., 3fM) (24M)
Nun den Kopf mit Watte ausstopfen und in den folgenden Runden ggf. noch einmal nachstopfen.
Rd 27: 6x (2M zus.abgem., 2fM) (18M)
Rd 28: 6x (2M zus.abgem., 1fM) (12M)
Rd 29: 6x 2M zus.abgem. (6M)
1KM, abmaschen und die Öffnung zunähen.

Der Kopf wird nun an den Körper angenäht. Hierbei drauf achten, dass er gerade positioniert wird. Zunächst mit der Nadel an dem Ansatz, der auf dem Körper aufkommt, durch die entsprechenden Maschen quer durchstechen und den Faden fest anziehen. Von jetzt an abwechselnd durch 1M im Körper und 1M im Kopf stechen, und den Faden immer wieder fest anziehen. So nähst du zunächst eine Runde. Bist du am Ausgangspunkt angekommen, nähst du noch eine weitere Runde – allerdings mit erweitertem Radius, d.h. du stichst in Kopf und Körper durch die Maschen der nächsten Runde. So erreichst du, dass der Kopf auch wirklich fest sitzt und nicht zu wackeln beginnt. Sollte er nach der 2. Runde immer noch nicht fest auf dem Körper sitzen, nähst du noch eine 3. Runde hinterher. Allerspätestens jetzt sollte der Kopf bombenfest auf dem Körper sitzen.

Ohren (2x)

Außenohr in grau/anthrazit

Rd 1: 6fM in einen Fadenring häkeln und zuziehen (6M)
Rd 2: alle M verdoppeln (12M)
Rd 3: 6x (1fM, 1DM) (18M)
Rd 4: 6x (2fM, 1DM) (24M)
1KM, abmaschen und einen längeren Faden lassen zum späteren Annähen am Kopf.

Innenohr in pink

Rd 1: 6fM in einen Fadenring häkeln und zuziehen (6M)
Rd 2: alle M verdoppeln (12M)
1KM, abmaschen und am Außenohr annähen – hierbei nur durch das obere Maschenglied stechen, damit es auf der Rückseite des Ohres keine rosafarbenen Stiche zu sehen sind.

Nasenspitze (pink)

Rd 1: in einen Fadenring 6fM häkeln und zuziehen (6M)
Rd 2: alle M verdoppeln (12M)
Rd 3-4: 12fM (12M)
Die Nase nun mit Watte ausstopfen.
Rd 5: 6x 2M zus.abgem. (6M)
1KM, abmaschen und die Nasenspitze im Anschluss auf die Nase der Maus annähen.

Schwanz (pink)

Rd 1: in einen Fadenring 6fM häkeln und zuziehen (6M)
Rd 2-5: 6fM (6M)
Rd 6: 3x (1fM, 1DM) (9M)
Rd 7-10: 9fM (9M)
Rd 11: 3x (2fM, 1DM) (12M)
Rd 12-15: 12fM (12M)
1KM, abmaschen, mit Watte füllen und auf der Rückseite unten in der Mitte des Körpers annähen.

Teddy-Paar Alfred & Berta

Material: Häkelgarn/Topflappengarn 50g braun (reh) und beige, sowie blau und einen Rest violett (Original: Rellana „Tonja"), Häkelnadel 3,0mm, 1 Paar Sicherheitsaugen in violett & hellblau; Durchmesser 10mm, 1 Sicherheitsnase in schwarz; 18mm (alternativ: schwarze Wolle, um die Nase zu sticken), Füllwatte, Stopfnadel, Schere

Hinweis: Alfred & Berta werden beide gleich gearbeitet, nur mit dem Unterschied, dass Berta violette Augen und Alfred hellblaue Augen hat, sowie Berta und Blümchenkleid und Stirnband trägt und Alfred lediglich einen Schal.

Beine (2x)

Beginnend mit beige

Rd 1: in einen Fadenring 6fM häkeln, den Ring zuziehen (6M)
Rd 2: in jede Masche 1DM häkeln (12M)
Rd 3: 6x (1fM, 1DM) (18M)
Farbwechsel in braun/reh
Rd 4 + 5: in jede Masche 1fM häkeln (18M)
Rd 6: 5fM, 4x (2M zus.abgem.), 5fM (14M)
Rd 7: 5fM, 2M zus.abgem., 1fM, 2M zus.abgem., 4fM (12M)
Rd 8: 6fM, 2M zus.abgem., 4fM (11M)
Rd 9 – 13: in jede Masche 1fM häkeln (11M)
Das Bein ausstopfen, nach oben hin sollen die Beine flach bleiben, damit sie besser am Körper anliegen.
Rd 14: 1fM, 2x (2M zus.abgem.), 1fM, 2x (2M zus.abgem.), 1fM (7M)
Noch 2fM häkeln, um an der Seite anzukommen, den Beinschlauch zusammenlegen und 3fM zuhäkeln.
2LM zum Schluss, Faden abschneiden und festziehen.

Arme (2x)

Beginnend in beige

Rd 1: in einen Fadenring 6fM, den Ring zuziehen (6M)
Rd 2: in jede Masche 1DM häkeln (12M)
Rd 3: 3x (3fM, 1DM) (15M)
Farbwechsel in braun/reh
Rd 4 + 5: in jede Masche 1fM häkeln (15M)
Rd 6: 4fM, 3x (2M zus.abgem.), 5fM (12M)
Rd 7: 4fM, 2x (2M zus.abgem.), 4fM (10M)
Rd 8: 4fM, 2M zus.abgem., 4fM (9M)
Rd 9 – 13: in jede Masche 1fM häkeln (9M)
Den Arm ausstopfen, nach oben hin sollen die Arme flach bleiben, damit sie besser am Körper anliegen.
Rd 14: 2M zus.abgem., 1fM, 3x (2M zus.abgem.) (5M)
Noch 2fM häkeln, um an der Seite anzukommen, den Armschlauch zusammenlegen und mit 2fM zuhäkeln.
2LM zum Schluss, Faden abschneiden und festziehen.

Körper (in braun/reh)

Rd 1: in einen Fadenring 6fM häkeln, den Ring zuziehen (6M)
Rd 2: in jede Masche 1DM häkeln (12M)
Rd 3: 6x (1fM, 1DM) (18M)
Rd 4: 6x (2fM, 1DM) (24M)
Rd 5: 6x (3fM, 1DM) (30M)
In der nächsten Runde werden die Beine drangehäkelt. Die Stelle, von der aus die nächste Runde begonnen wird, ist die Mitte des Rückens. Deshalb unbedingt drauf achten, dass die Füße nach vorne zeigen. Während du die Beine dranhäkelst, bitte unbedingt darauf achten, dass durch beide Lagen gestochen wird – durch das Bein und durch den Körper.
Rd 6: 6fM, mit 3fM das linke Bein dranhäkeln, 12fM, mit 3fM das rechte Bein dranhäkeln, 6fM (30M)

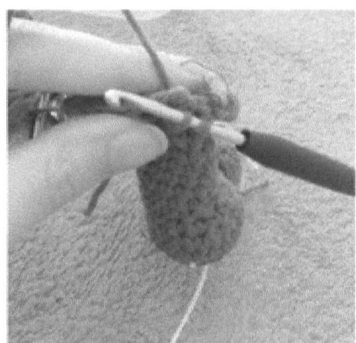

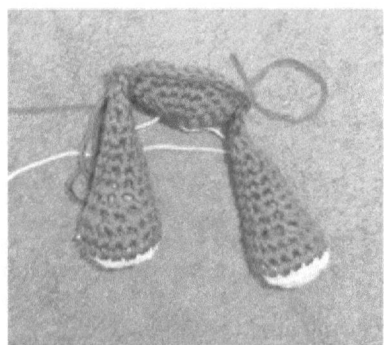

Rd 7: in jede Masche 1fM häkeln (30M)
In der nächsten Runde häkelst du das Schwänzchen.
Rd 8: 1 Popcornmasche (= 5Stb in 1 Masche zusammen abgemascht häkeln; siehe Bild nächste Seite), 29fM (30M)

Rd 9+10: in jede Masche 1fM häkeln (30M)
Rd 11: 6x (3fM, 2M zus.abgem.) (24M)
Rd 12: 3x (6fM, 2M zus.abgem.) (21M)
Rd 13 – 15: in jede Masche 1fM häkeln (21M)
Rd 16: 8fM, 5x (2M zus.abgem.), 3fM (16M)
Rd 17: in jede Masche 1fM häkeln (16M)
Den Rumpf zu 2/3 ausstopfen. Bei den folgenden Abnahmerunden weiter nachstopfen.
In der nun folgenden Runde werden die Arme drangehäkelt. Hier wieder darauf achten, dass die Hände nach vorne zeigen.
Rd 18: 7fM, mit 2fM den linken Arm dranhäkeln, 5fM, mit 2fM den rechten Arm dranhäkeln (16M)
Rd 19: in jede Masche 1fM häkeln (16M)
Rd 20: 4x (2fM, 2M zus.abgem.) (12M)
Rd 21: in jede Masche 1fM häkeln (12M)
Den Halsbereich nochmals fest ausstopfen, damit der später angenähte Kopf gut in seiner Position bleibt.
Rd 22: 6x (2M zus.abgem.) (6M)
2LM zum Schluss, ca. 30 cm Garn dran lassen (er wird später zum annähen des Kopfes benötigt), Faden abschneiden und festziehen.

Ohren (2x; braun bzw. reh)

Rd 1: 6fM in einen Fadenring häkeln und zuziehen (6M)
Rd 2: 3x (1fM, 1DM) (9M)
1KM, abmaschen

Kopf

Beginnend in beige

Rd 1: 6fM in einen Fadenring häkeln und zuziehen (6M)
Rd 2: alle M verdoppeln (12M)
Rd 3: 4x(2fM, 1DM) (16M)
Rd 4+5: 16fM (16M)
Rd 6: 4fM, 8KM,4fM (16M)
Farbwechsel in braun/reh
Rd 7: 5fM, 8DM, 3fM (24M)
Rd 8: 8fM, 2DM,7fM,2DM, 5fM (28M)
Rd 9+10: 28fM (28M)
Rd 11: 11fM, 1DM, 9fM, 1DM, 6fM (30M)
Rd 12+13: 30fM (30M)
In der nächsten Runde werden die Ohren mit drangehäkelt. Hierfür die Ohren mit der linken Seite nach außen dranhäkeln.

Rd 14: 11fM, mit 3fM das linke Ohr dranhäkeln, 8fM, mit 3fM das rechte Ohr dranhäkeln, 5fM (30M)
Rd 15: 6x (3fM, 2M zus.abgem.) (24M)
Rd 16: 24fM (24M)
Nun die Nase und Augen feststecken bzw. auf Wunsch sticken; siehe Bilder nächste Seite (bei Steckaugen zwischen der 7. Und 8. Runde mit etwa 5M Abstand).

Rd 17: 6x (2fM,2M zus.abgem.) (18M)
Den Kopf nun zu 2/3 mit Watte ausstopfen.
Die weiteren Runden immer *2fM, 2M zus.abgem.* über die Runden hinweg häkeln, bis 8M
übrig bleiben. Dann abmaschen und die Öffnung zunähen. Während der Abnahmen den Kopf
nochmals ausstopfen, bis er die gewünschte Festigkeit erreicht hat.

Den Kopf an den Körper nähen. Hierbei halte ich den Kopf mit Daumen und Zeigefinger in der
linken Hand, den Körper halte ich mit den anderen freien Fingern der linken Hand. Dann steche
ich 1x komplett durch den unteren Teil des Kopfes und setze daraufhin den ersten Stich in den
Hals. Wenn du den Faden daraufhin fest anziehst, kannst du den Kopf noch einmal
nachjustieren bzw. so positionieren, wie du ihn haben möchtest.
Nun nähst du den Kopf in einer Runde fest. Immer 1 Stich in den Kopf, darauf durch den Hals.
Hast du die erste Runde fertig genäht, nähst du noch eine weitere Runde – dieses Mal setzt du
im Hals eine Reihe weiter unten an, im Kopf ebenso. Dadurch erreichst du, dass der Kopf
felsenfest auf dem Körper sitzt und du keinen Wackeldackel mit Knickkopf erhältst ☺

Kleid (blau)

61LM mit 1KM zur Runde schließen (60M)

Rd 1: 60fM (60M)
Rd 2: 6x (2M zus.abgem., 8fM) (54M)
Rd 3: 54fM (54M)
Rd 4: 6x (2M zus.abgem, 7fM) (48M)
Rd 5: 48fM (48M)
Rd 6: 6x (2M zus.abgem., 6fM) (42M)
Rd 7: 42fM (42M)
Rd 8: 6x (2M zus.abgem., 5fM) (36M)
Rd 9: 36fM (36M)
Rd 10: 6x (2M zus.abgem., 4fM) (30M)
Rd 11-16: 30fM (30M)
Nun das Kleid der Berta anziehen und 6LM häkeln. Dies wird der erste von 2 Trägern. Die LM-Kette (Träger) auf die andere Seite ziehen (der Arm befindet sich zwischen Kleid und Träger) und auf der anderen Seite mit 1KM befestigen, abmaschen. Da das Kleid in der Regel etwas lockerer sitzt, kannst du mit diesem Faden mit 1-2 Stichen das Kleid am Körper der Berta festnähen.

 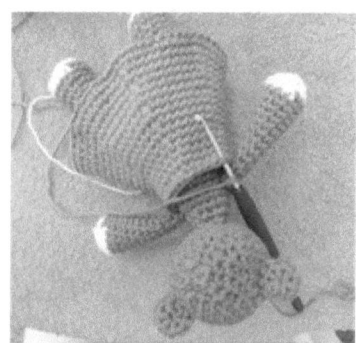

Auf der anderen Seite befestigst du vorne wieder den Faden (siehe Abbildung) und häkelst ebenso 6LM, die du mit 1KM auf der Rückseite befestigst. Du kannst durchaus auch vorne mit 1-2 Stichen das Kleid am Körper befestigen.

Haarband (violett)

33LM mit 1KM zur Runde schließen (32M)
1 Rd 32fM häkeln und am Kopf festnähen.

Blüte (1x in blau, 1x in violett)

Rd 1: 6fM in einen Fadenring häkeln und zuziehen (6M)
Rd 2: 6x (6LM, 1fM in die nächste fM der 1. Rd)

Am Haarband bzw. am Kleid auf Bauchhöhe festnähen.

Schal für Alfred (rot)

40LM häkeln + 2W-LM, in die 3. M neben der Nadel einstechen, und in jede LM 1hStb häkeln (= 40hStb)

33

Brombeertasche

<u>Material:</u> WollButt „Lisa" 7x 50g Knäuel in brombeere und 3x in grün, Häkelnadel 5,0, Wollnadel, Schere, ggf. Baumwollstoff in weinrot bzw. brombeere

Noppe = 7 Stäbchen in 1M häkeln und zusammen abmaschen; am Rundenende wird die letzte Noppe mit 6Stb gehäkelt und zusammen abgemascht durch die 1KM, mit der die Runde geschlossen wird (wichtig!)

In den folgenden Grafiken wird gezeigt, wie die Runde bei 6 Stb mit 1KM zur Runde geschlossen wird (siehe Definition „Noppe" auf der Vorseite):

Noch ein wichtiger Hinweis zu den Klammern, die in dieser Anleitung enthalten sind. In der Anleitung wirst du u.a. finden: 6x [2x (1 Noppe, 2LM), (1 Noppe, 2LM, 1 Noppe, 2LM in 1 LM-Bogen häkeln)].
Dies bedeutet in erster Linie, dass du die gesamte Klammer [...] 6x häkelst.
Beginnen wirst du mit 2x (1 Noppe, 2LM), direkt nach diesen 2x häkelst du 1x die andere Klammer (1 Noppe, 2LM, 1 Noppe, 2LM in 1 LM-Bogen).
Diesen Schritt insgesamt 6x bis zum Rd-Ende.

Tasche (brombeere)

Rd 1: in einen Fadenring 3LM und 11Stb häkeln, mit 1KM zur Rd schließen (12M)
Rd 2: 6x (1 Noppe, 2LM) und mit 1KM zur Rd schließen (24M)
Rd 3: 5LM, 6x (1 Noppe, 2LM, 1 Noppe, 2LM in 1 LM-Bogen häkeln) und mit 1KM in die 3. LM am Rd-Anfang schließen (24M)
Rd 4: 5LM, 6x [1 Noppe, 2LM, (1 Noppe, 2LM, 1 Noppe, 2LM in 1 LM-Bogen häkeln)] und mit 1KM in die 3. LM am Rd-Anfang schließen (36M)
Rd 5: 5LM, 6x [2x (1 Noppe, 2LM), (1 Noppe, 2LM, 1 Noppe, 2LM in 1 LM-Bogen)] und mit 1KM in die 3. LM am Rd-Anfang schließen (48M)
Rd 6: 5LM, 23x (1 Noppe, 2LM), und mit 1KM in die 3. LM am Rd-Anfang schließen (48M)
Rd 7: 5LM, 6x [3x (1 Noppe, 2LM), (1 Noppe, 2LM, 1 Noppe, 2LM in 1 LM-Bogen)] und mit 1KM in die 3. LM am Rd-Anfang schließen (60M)
Rd 8: 5LM, 29x (1 Noppe, 2LM) und mit 1KM in die 3. LM am Rd-Anfang schließen (60M)
Rd 9: 5LM, 6x [4x (1 Noppe, 2LM), (1 Noppe, 2LM, 1 Noppe, 2LM)] und mit 1KM in die 3.LM am Rd-Anfang schließen (72M)
Rd 10-23: 5LM, 35x (1 Noppe, 2LM) und mit 1KM in die 3. LM am Rd-Anfang schließen (72M)

Am Ende der Rd 23 wird der Farbwechsel in grün gehäkelt und zwar wird die 1KM, mit der du die Rd schließt, in grün gehäkelt und fortan nur noch in grün und in fM.

Rd 24: 2LM, je 1fM in jede Noppe und 1fM in jeden LM-Bogen häkeln und mit 1KM in die LM am Rd-Anfang schließen (72M)

Rd 25-31: 72fM (72M)
1KM, abmaschen

Am schönsten ist es, wenn die Innenseite mit Baumwollstoff gekleidet wird. So können einzelne Inhalte wie z.B. Stifte oder anderes dünnes Zeugs nicht herausfallen. Hierfür die Tasche einfach glatt auf den Baumwollstoff legen, drum herum zeichnen (mit ca. 1cm Nahtzugabe). Den Stoff zuschneiden, den oberen Teil (Öffnung) säumen und die Seiten einmal ringsherum zusammennähen. Im Anschluss von innen an die Tasche nähen.

Träger (2x; grün)

110 LM + 1 W-LM (= 121 M)
Insgesamt 6 Reihen 110 fM + 1 W-LM häkeln und am Ende in der Mitte falten und mit 110 fM zusammenhäkeln. So erhältst du einen stabilen Träger. Diesen nähst du auf der Innenseite der Tasche an.

Blätter (9x; grün)

15 LM + 1 W-LM

In diesem Schritt wird auf der Ober- und der Unterseite der Lfm-Kette gearbeitet.

2 KM, 3 fM, 3 hStb, 3 Stb, 3 DStb, 10 DStb in die letzte M, danach auf die Unterseite drehen und dort wie folgt weiterarbeiten: 3 DStb, 3 Stb, 3 fM, 2 KM, abmaschen und dabei einen längeren Faden zum Annähen lassen.

Auf der Rückseite des Blattes schiebst du mit der Wollnadel den Faden durch einige Maschen, bis du ungefähr im oberen Drittel des Blattes angekommen bist. Von dort aus nähst du mit dem Wollfaden das Blatt am grünen Rand der Tasche an.

Leuchtende Geister

Material: Adina von Rellana in weiß, Rest schwarz, Sicherheitsaugen in schwarz Durchmesser 9mm, Häkelnadel 3,0, Schere, Wollnadel, LED-Teelicht

Rd 1: 6fM in einen Fadenring häkeln und zuziehen (6M)
Rd 2: alle M verdoppeln (12M)
Rd 3: 6x (1fM, 1DM) (18M)
Rd 4: 6x (2fM, 1DM) (24M)
Rd 5: 6x (3fM, 1DM) (30M)
Rd 6-19: 30fM (30M)
1KM, abmaschen
Die Augen werden in Rd 9 festgesteckt, mit 6m Abstand dazwischen. Darunter wird mit einem Rest schwarzem Garn der Mund gestickt – Fäden auf der Innenseite verknoten.

Nun kann der Geist auf das Teelicht gestülpt werden. Bitte nur LED-Teelichter verwenden, keine echten Kerzen wegen Brandgefahr.

Einhorn Herzkranz

<u>Material:</u> Styropor Herzkranz Durchmesser 20cm, Baumwollgarn „Adina" von Rellana in pflaume, pink, weiß, hellgrau, flieder, Häkelnadel 3mm, Sicherheitsaugen schwarz Durchmesser 9mm, Wollnadel, Schere

Den Kranzbezug häkeln wie in der Grundanleitung (siehe Maus Kerzenkranz auf Seite 16+17). Hierfür in pflaume 25LM anschlagen und jede Reihe häkeln: 3fM, 18Stb, 3fM, 1W-LM
Wenn der Kranzbezug einmal ringsherum um das Styroporherz passt, abmaschen und nach Anleitung um den Kranz herum zusammennähen.

Schlaufe: 41LM häkeln und 1R in fM häkeln, abmaschen und einen längeren Faden lassen. Die Schlaufe zusammennähen und auf der Rückseite in der Mitte annähen.

EINHORN

Körper (weiß)

Rd 1: 6fM in einen Fadenring häkeln und zuziehen (6M)
Rd 2: alle M verdoppeln (12M)
Rd 3: 6x (1fM, 1DM) (18M)
Rd 4: 6x (2fM, 1DM) (24M)
Rd 3: 6x (3fM, 1DM) (30M)
Rd 6-17: 30fM (30M)
Rd 18: 6x (2M zus.abgem., 3fM) (24M)
Rd 19: 6x (2M zus.abgem., 2fM) (18M)
Den Körper nun mit Watte füllen und ggf. in den folgenden Runden nachstopfen.
Rd 20: 6x (2M zus.abgem., 1fM) (12M)
Rd 21: 6x 2M zus.abgem. (6M)
1KM, abmaschen und die Öffnung schließen.

Kopf (weiß)

Rd 1: 6fM in einen Fadenring häkeln und zuziehen (6M)
Rd 2: alle M verdoppeln (12M)
Rd 3: 6x (1fM, 1DM) (18M)
Rd 4: 6x (2fM, 1DM) (24M)
Rd 3: 6x (3fM, 1DM) (30M)
Rd 6-11: 30fM (30M)
Rd 12: 6x (2M zus.abgem., 3fM (24M)
Rd 13+14: 24fM (24M)
Rd 15: 6x (2M zus.abgem., 2fM) (18M)
Rd 16+17: 18fM (18M)
Nun werden die Nasenlöcher mit grauer Wolle gestickt und die Augen festgesteckt.

Rd: 18: 6x (2M zus.abgem., 1fM) (12M)
Rd 19: 6x 2M zus.abgem. (6M)
1KM, abmaschen, Öffnung schließen.

Füße (4x; weiß)

Rd 1: 6fM in einen Fadenring häkeln und zuziehen (6M)
Rd 2: alle M verdoppeln (12M)
Rd 3-9: 12fM (12M)
1KM, abmaschen und einen längeren Faden lassen zum Annähen. Die Füßen ausreichen mit Watte füllen. Hier nicht zu wenig Watte nehmen, da das Einhorn sonst später auf dem Kranz keine stabile Haltung findet.

Ohren (2x; weiß)

Rd 1: 6fM in einen Fadenring häkeln und zuziehen (6M)
Rd 2: alle M verdoppeln (12M)
Rd 3: 6x (1fM, 1DM) (18M)
Rd 4+5: 18fM (18M)
Rd 6: 6x (2M zus.abgem., 1fM) (12M)
Rd 7+8: 12fM (12M)
1KM, abmaschen und einen längeren Faden zum Annähen lassen. Die Ohren werden im Anschluss in der Mitte gefaltet und mit ein paar Stichen fixiert, bevor sie seitlich oben am Kopf angenäht werden.

Horn (grau)

Rd 1: 6fM in einen Fadenring häkeln und zuziehen (6M)
Rd 2: 6fM (6M)
Rd 3: 3x (1fM, 1DM) (9M)
Rd 4: 9fM (9M)
Rd 5: 3x (2fM, 1DM) (12M)
Rd 6: 12fM (12M)
1KM, abmaschen und einen langen Faden zum Annähen lassen. Das Horn ausreichend mit Watte füllen und an die Stirn zwischen die Augen annähen.

Mähne/Schweif (pink)

Für die Mähne und den Schweif werden jeweils 5 Strähnen gehäkelt wie folgt: 30LM + 1R fM
Danach abmaschen und einen längeren Faden zum Annähen lassen.

Seelenwärmer Elfenzauber

<u>Material:</u> Bobbel 4-fädig, 200g, ca. 800m Lauflänge für Gr. 36-40 (Original: Rellana „Regenbogen"; Farbnr. 113 Metallic „Swimming Pool"; direkt bei mir erhältlich http://www.romyfischer.de), für Gr. 42-46 wird ein Bobbel von ca. 250g benötigt bzw. ca. 1000m Lauflänge, für jede weitere zusammengefasste 3 Größen weitere 50g bzw. weitere 200m Lauflänge, Häkelnadel 4,0, Nähnadel, Wollnadel, Nähgarn, Ggf. Stecknadeln oder Sicherheitsnadeln, Schere

Breite bei Gr. 36-40 ca. 95cm/Höhe ca.60cm (bei Verwendung des Originalgarns)

<u>Häkelschrift für den Seelenwärmer Elfenzauber</u>

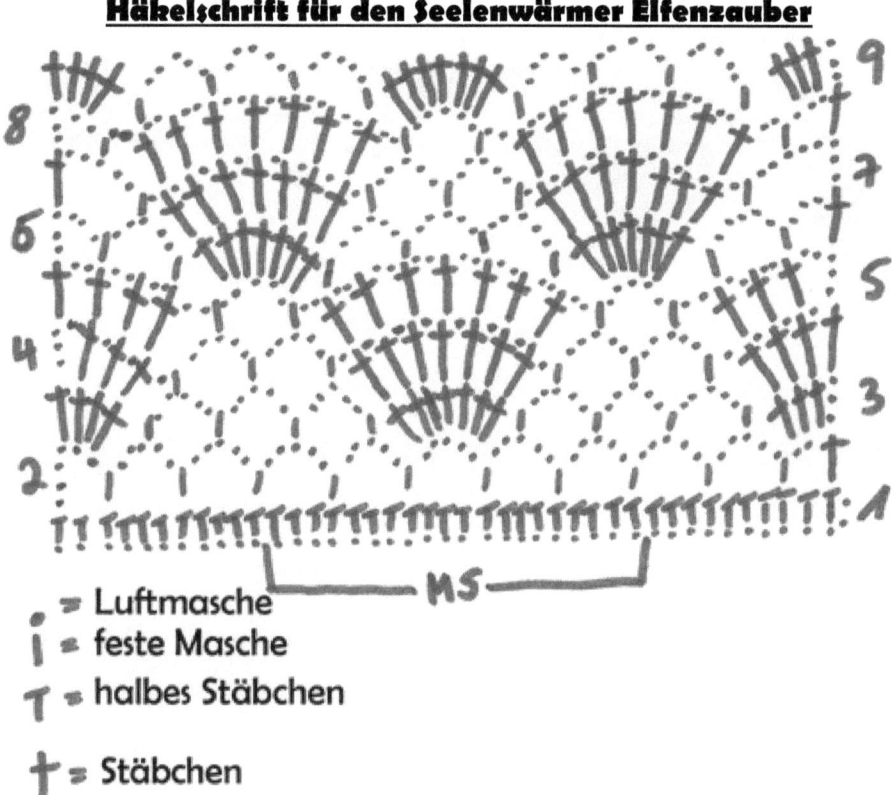

- ● = Luftmasche
- i = feste Masche
- T = halbes Stäbchen

† = Stäbchen

Die Maschenzahl muss teilbar sein durch 20 + 1 + 2 Wendeluftmaschen.
Reihe 4-9 werden stets wiederholt.

Wird angezeigt, dass in der Vorreihe ein Luftmaschenbogen gearbeitet wurde, wird in der darauf folgenden Reihe (z. B. in Reihe 3) die festen Maschen und Stäbchen nicht durch eine Masche des Luftmaschenbogens gestochen, sondern unterdurch.

Für Gr. 36-40 werden insgesamt 181 + 2 Wendeluftmaschen gehäkelt. Für jede weitere Größe = 40 weitere Maschen (Gr. 42-46; 48-52). Die erste Reihe durchgehend halbe Stäbchen, wie in der Grafik beschrieben. Danach folgt das eigentliche Muster bis einschließlich Reihe 74. Bei Gr. 42-46 bis einschließlich Reihe 92. Bei jeder weiteren Größe = 18 weitere Reihen häkeln.
Ist die letzte Masche der letzten Reihe gehäkelt, zum Abmaschen noch einmal 1 Luftmasche häkeln.

Du hast nun ein großes Rechteck und kannst wählen, wie du die Außenseiten miteinander verbindest – entweder du häkelst sie zusammen mit Kettmaschen oder feste Maschen, oder aber du nähst sie zusammen. Wenn du dich fürs Nähen entscheidest, findest du im nächsten Abschnitt eine genaue Beschreibung, welche Naht du dafür verwenden kannst und wie sie funktioniert. Außerdem solltest du nach dem Abmaschen einen längeren Faden dran lassen, den du gleich zum Nähen verwenden kannst.

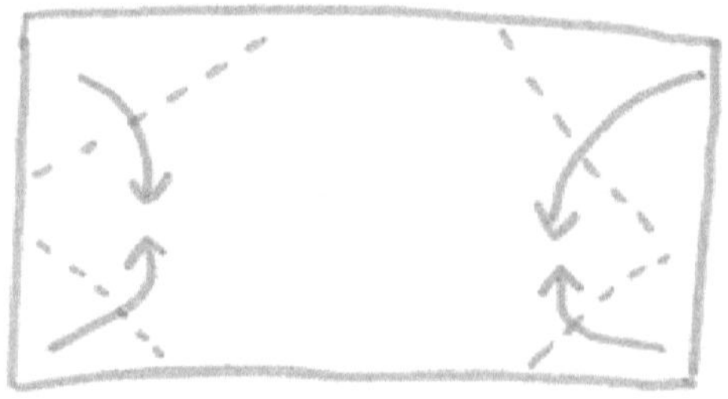

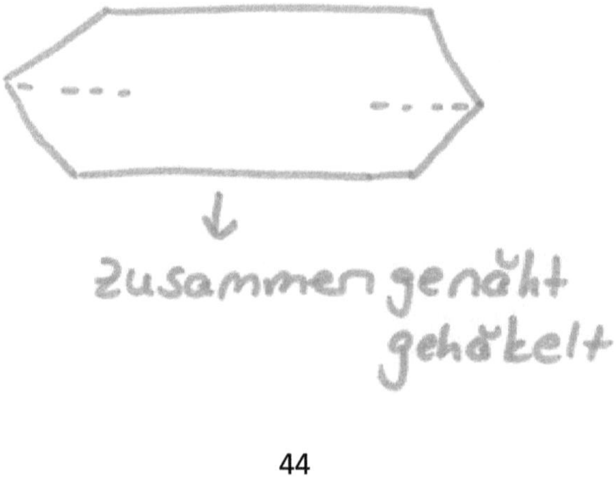

Solltest du dich fürs Häkeln entscheiden, bleibt der Faden dran, und du kannst gleich an der ersten Seite loslegen (natürlich schneidest du ihn danach ab und musst ihn auf der anderen Seite extra fixieren, damit du dort auch eine Naht häkelst/nähst).

Du faltest das Rechteck (linke Seite nach außen) in der Mitte zusammen, so das Ober- und Unterseite aufeinander liegen. Mit Sicherheits- oder Stecknadeln kannst du nun an den Seiten feststecken, wie weit du nähen/häkeln möchtest. Mindestens die Hälfte, bis maximal zwei Drittel werden zusammengenäht/gehäkelt, so dass deine Arme noch durchpassen.

Die Hälfte oder maximal zwei Drittel abstecken und zusammennähen/häkeln.

Die Naht wird im Kapitel „Wellensittich Kissenbezug" auf Seite 12-14 erklärt.

Efeuranke

Material: Acrylgarn „Caprice" von Rellana je ein 50g Knäuel in tanne, jeans und braun, Füllwatte, Häkelnadel 3,5mm, Schere, Wollnadel, Floristikdraht ca. 150cm, Drahtzange, Schlüsselring

Erdboden (braun)

Rd 1: in einen Fadenring 6fM häkeln und zuziehen (6M)
Rd 2: alle M verdoppeln (12M)
Rd 3: 6x (1fM, 1DM) (18M)
Rd 4: 6x (2fM, 1DM) (24M)
Rd 5: 6x (3fM, 1DM) (30M)
Rd 6: 6x (4fM, 1DM) (36M)
Rd 7: 6x (5fM, 1DM) (42M)
Rd 8: 42fM ins hintere M-Glied (42M)
Rd 9-17: 42fM (42M)
Rd 18: ins hintere M-Glied häkeln 6x (2M zus.abgem., 5fM) (36M)
Rd 19: 6x (2M zus.abgem, 4fM) (30M)
Rd 20: 6x (2M zus.abgem., 3fM) (24M)
Rd 21: 6x (2M zus.abgem., 2fM) (18M)
Nun mit Watte füllen und in den nachfolgenden Runden nachstopfen.
Rd 22: 6x (2M zus.abgem., 1fM) (12M)
Rd 23: 6x 2M zus.abgem. (6M)
1KM, abmaschen, Öffnung schließen.

Topf (jeans)

Rd 1: 7fM in einen Fadenring häkeln und zziehen (7M)
Rd 2: 6x 1DM, 1fM (13M)
Rd 3: 6x (1fM, 1DM), 1fM (19M)
Rd 4: 6x (2fM, 1DM), 1fM (25M)
Rd 5: 6x (3fM, 1DM), 1fM (31M)
Rd 6: 6x (4fM, 1DM), 1fM (37M)
Rd 7: 6x (5fM, 1DM), 1fM (43M)
Rd 8: 43fM ins hintere M-Glied häkeln (43M)
Rd 9-17: 43fM (43M)
1KM, 110LM häkeln (nicht vergessen, den Schlüsselring jetzt über die LM-Kette zu schieben!) und mit 1KM in die gegenüberliegende M am Topf befestigen (21/22M abzählen). Faden verknoten und vernähen. Direkt in der Mitte zwischen beiden Einstichstellen des ersten Trägers (10/11M zwischen beiden Einstichstellen) den Faden wieder befestigen, wieder 110LM häkeln, die LM-Kette durch den Schlüsselring ziehen und auf der anderen Seite des Topfes mit 1KM befestigen. Den Faden verknoten und vernähen. Somit kannst du im Anschluss die Efeuranke im „Blumentopf" aufhängen.

Efeu-Blätter (18x, tanne)

4LM mit 1KM zur Runde schließen, weitere 4LM häkeln und mit 1KM zur weiteren Runde schließen, noch einmal 4LM häkeln und mit 1KM zur dritten Runde schließen.
Du hast nun 3 LM-Bögen.

1LM

Rd 1:
In den ersten LM-Bogen:
1fM, 1hStb, 1Stb, 1hStb, 1fM, 1KM
In den zweiten LM-Bogen:
1fM, 1hStb, 1Stb, 1DStb, 1Stb, 1hStb, 1fM, 1KM
In den dritten LM-Bogen:
1fM, 1hStb, 1Stb, 1hStb, 1fM, 1KM

1LM

Rd 2:
In das erste Blatt:
1fM, 1hStb, 2LM, 2Stb in 1M, 2LM, 1hStb, 1fM, 1KM
In das zweite Blatt:
1fM, 1hStb, 1Stb, 2LM, 2Dstb in 1M, 2LM, 1Stb, 1hStb, 1fM, 1KM
In das dritte Blatt:
1fM, 1hStb, 2LM, 2Stb in 1M, 2LM, 1hStb, 1fM, 1KM

1LM

Für die Ranken benötigst du den Floristikdraht und Wolle in der Farbe „tanne".
Von dem 150cm langen Draht schneidest du 2 Stücke zu je 60cm ab und je eins zu 50cm und 40cm. Die Drähte in der Mitte falten bzw. doppelt legen.

Je nach Länge des Drahtes häkelst du 51LM (bei den beiden Drähten zu je 60cm), 31LM (für die Drahtlänge 50cm), 21LM (für die Drahtlänge 40cm).
Dann nimmst du den Draht und hältst ihn so, dass der Knick direkt die Seite der LM-Kette berührt, an der du nun weiterhäkelst. Du häkelst nun 1R in fM. Die ersten 2-3 fM häkelst du nur die eine Seite des Drahtes mit ein. Danach drückst du beide Stränge zusammen und häkelst beide Stränge mit ein. Auf diese Art und Weise sorgst du dafür, dass der Draht nicht mehr herausrutschen kann. Er steckt dann fest in der Ranke.
Danach mit 1LM abmaschen. Die Drahtenden durh den „Erdboden" stechen, verzwirbeln und die Enden abschneiden. Im Anschluss das Fadenende der „Ranke" durch den „Erdboden" ziehen, verknoten und vernähen.
Zuletzt werden alle Blätter nach und nach an die Ranke angenäht.

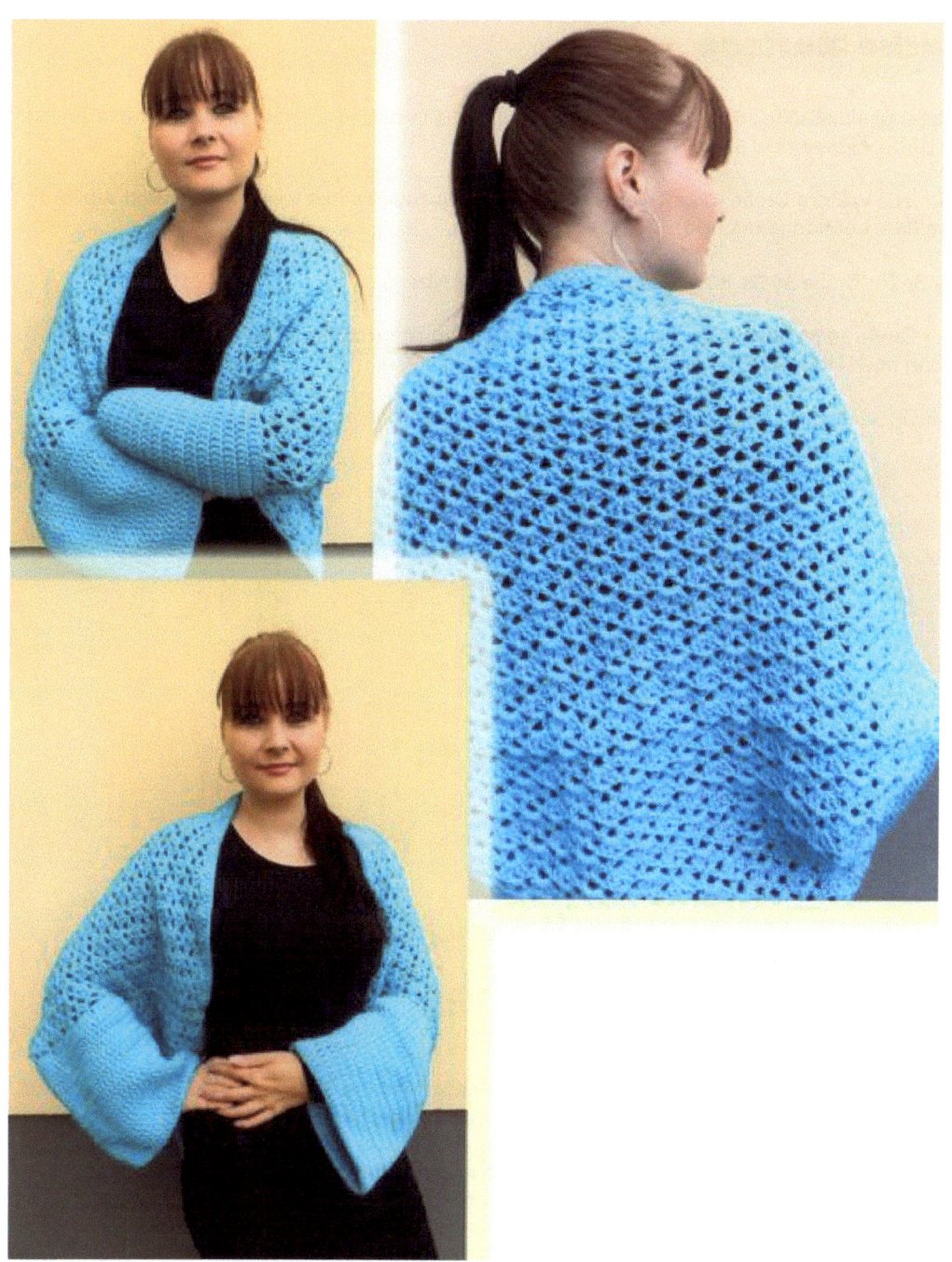

Jacke Marlene

<u>Material:</u> Für Größe 36/38 insgesamt 12 Knäuel á 50g (= 600g) „Lisa" von WollButt (buttinette) in türkis, Häkelnadel 5,0mm, Schere, Wollnadel

Für jede weitere Größe sollten weitere 150g Wolle hinzugerechnet werden. (Lisa von WollButt hat 85m Lauflänge auf 50g).

Maße für Größe 36/38: 80cm Höhe, 78cm Rückenbreite

Für Größe 36/38 häkelst du insgesamt 124LM (die Maschenzahl muss teilbar sein durch 8 + 1 + 3, dann nach Häkelschrift arbeiten.

Bei Gr. 36/38 nach Reihe 54 abmaschen, jede weitere Größe nach je weiteren 8 Reihen.

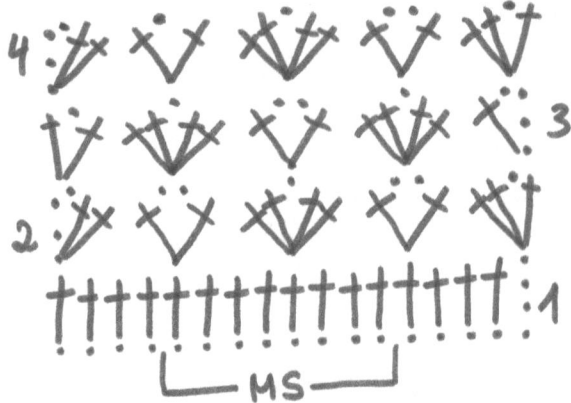

• = Luftmasche
† = Stäbchen

Laufen mehrere Zeichen zusammenerden die Maschen zusammen in 1 Einstichstelle gehäkelt.
Reihe 3 und 4 stets wiederholen.

Das gehäkelte „Rechteck" wird der Länge nach in der Mitte zusammengefaltet und an den Seiten entsprechend entweder zusammengehäkelt oder genäht, wie beim Seelenwärmer Elfenzauber auf Seite 44/45 beschrieben. Links und rechts jeweils 18cm für die Ärmel offen lassen.

Ärmel:
An der Seitennaht von außen den Faden ansetzen und rings herum 59Stb häkeln (Beginn immer mit 3LM – zählt als erstes Stb – und die Runde immer schließen mit 1KM in die 3. LM vom Anfang). Insgesamt 15 Runden Stb für die Ärmel häkeln. Danach abmaschen und Fäden vernähen.

Zipfelmütze mit Bommel

<u>Material:</u> 150g „Sorbet" multicolor (Farbnr. 66) sowie Reste von „Caprice" in hellblau und flieder von Rellana, Häkelnadel 6,0, Prym Pompon-Set Schablone für Durchmesser 5,5cm, Schere, Wollnadel

Diese Mütze ist für jede Größe anpassbar – in diesem Beispiel für Erwachsene mit einem Kopfumfang von ca. 54/55cm.

Beginne mit 64LM, die du mit 1KM zur Runde schließt. Passe hierbei auf, dass sich die LM-Kette nicht in sich verdreht.
Die Maschenzahl muss teilbar sein durch 4 – für diejenigen, die diese Mütze größer oder kleiner häkeln wollen.

Rd 1: 3LM (zählt als 1. Stb), 63Stb, 1KM in die 3. LM vom Anfang (64M)
Rd 2-5: 3LM (zählt als 1. Stb), *1 Relief-Stb von vorne, 1Stb, ab * wdh bis Rd-Ende, beenden mit 1KM in die 3. LM vom Anfang (64M)
Rd 6-11: 3LM (zählt als 1. Stb), 63Stb, 1KM in die 3. LM vom Anfang (64M)
Ab sofort werden nur noch fM gehäkelt in Spiralrunden ohne KM am Ende der einzelnen Rd.
Rd 12: 4x (2M zus.abgem., 14fM) (60M)
Rd 13-17: 60fM (60M)
Rd 18: 4x (2M zus.abgem., 13fM) (56M)
Rd 19-23: 56fM (56M)
Rd 24: 4x (2M zus.abgem., 12fM) (52M)
Rd 25-29: 52fM (52M)
Rd 30: 4x (2M zus.abgem., 11fM) (48M)
Rd 31-35: 48fM (48M)
Rd 36: 4x (2M zus.abgem., 10fM) (44M)
Rd 37-41: 44fM (44M)
Rd 42: 4x (2M zus.abgem., 9fM) (40M)
Rd 43-47: 40fM (40M)
Rd 48: 4x (2M zus.abgem., 8fM) (36M)
Rd 49-53: 36fM (36M)
Rd 54: 4x (2M zus.abgem., 7fM) (32M)
Rd 55-59: 32fM (32M)
Rd 60: 4x (2M zus.abgem., 6fM) (28M)
Rd 61-65: 28fM (28M)
Rd 66: 4x (2M zus.abgem., 5fM) (24M)
Rd 67-71: 24fM (24M)
Rd 72: 4x (2M zus.abgem., 4fM) (20M)
Rd 73-77: 20fM (20M)
Rd 78: 4x (2M zus.abgem., 3fM) (16M)
Rd 79-83: 16fM (16M)
Rd 84: 4x (2M zus.abgem., 2fM) (12M)

Rd 85-89: 12fM (12M)
Rd 90: 4x (2M zus.abgem., 1fM) (8M)
Rd 91-95: 8fM (8M)
Rd 96: 4x 2M zus.abgem. (4M)
1KM, abmaschen, Öffnung zunähen.

Mit Caprice in hellblau und flieder den Pompon anfertigen und an die Spitze der Zipfelmütze annähen.

Weitere Bücher

Von mir gibt es weitere Bücher im Handel, sowie zahlreiche E-Books mit Einzelanleitungen.

 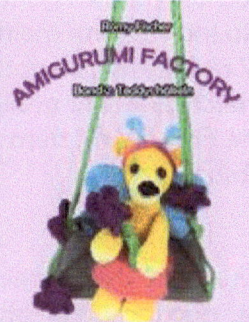 

Über mich

Ja, das bin dann wohl ich...

Zunächst möchte ich mich ganz herzlich bedanken, dafür dass du Interesse an meinen Modellen hast und dir die Zeit nimmst, sie nachzuarbeiten. Das ist für mich wirklich eine sehr große Ehre. Und ich hoffe, du hast deine Freude mit dem Ausarbeiten der Modelle und auch mit den Modellen selbst.

Was gibt es sonst über mich zu sagen...?
Ich bin im Jahr 1981 in Hannover geboren und war schon ein recht kreatives Kind, habe gerne gemalt, gebastelt, aber auch schon in sehr jungen Jahren mit meiner Großmutter zusammen Handarbeiten gemacht. Zunächst hat sie mir das Stricken beigebracht, das Häkeln habe ich mir später selbst beigebracht. Das Thema Handarbeiten begleitet mich also schon mein ganzes Leben.
Später habe ich mein Fachabitur in Sozialwesen gemacht, was ich zunächst dann auch studiert habe. Eine zusätzliche Ausbildung zur Psychologischen Beraterin folgte.

Seit einigen Jahren arbeite ich als Autorin und Schriftstellerin. Folgende Bücher habe ich bereits veröffentlicht:

-   Das Horrorskop
-   Das Leiden einer jungen Ebay-Verkäuferin
-   Panikattacke Deluxe. Angst & Panik? Einfach drüber lachen
-   Die Anti-Psychiaterin (Hörbuch)
-   Meine Mutter, ihre Persönlichkeitsstörung und ich (Hörbuch)

Privat bin ich in einer verrückten Hippie-Kommune untergekommen. Das bedeutet, ich werde freundlicherweise von 2 Katern geduldet, sofern ich die Miete zahle, die Dosen öffne und auch sonst alle Aufgaben im Haushalt übernehme.